Protección de las tortugas marinas

Robyn O'Sullivan

Contenido

Animales del mar

Las tortugas marinas son animales tranquilos que viven en todos los océanos del planeta. La mayoría pasa toda su vida en el agua. El único momento en que la mayoría de las tortugas marinas se acercan a la costa es cuando van a poner huevos.

Al igual que muchos animales salvajes, las tortugas marinas necesitan protección. ¿Por qué? Vamos a conocer mejor a las tortugas marinas.

Hay siete **especies,** o tipos, diferentes de tortugas marinas. La mayoría de las tortugas marinas tienen un caparazón duro en el lomo. La única que no lo tiene es la tortuga laúd. En lugar de caparazón, tiene una piel dura.

Matemáticas con tortugas: ¿Cuánto mide la tortuga marina más larga?
¿Qué dos especies de tortugas marinas son las más pequeñas?

La puesta de los huevos

La mayoría de las tortugas marinas regresan a la playa donde nacieron para poner sus huevos. La hembra usa sus aletas para desplazarse sobre la arena y cavar un hoyo. Éste será el nido.

La mayoría de las tortugas marinas ponen unos 100 huevos a la vez. Cuando la hembra termina de poner los huevos, cubre el hoyo con arena. Después, se arrastra de vuelta al océano y se aleja nadando.

Matemáticas con tortugas: Tres tortugas marinas ponen huevos en la playa. ¿Cuántos huevos pondrán, aproximadamente?

3 tortugas x 100 huevos = ?

Una tortuga lora pone sus huevos en un nido de arena.

Las crías de tortuga marina rompen el cascarón, o salen del huevo, después de pasar unos dos meses bajo la arena. Las **crías recién nacidas** tienen el cuerpo muy blando. Deben llegar al mar rápidamente. Aves marinas y cangrejos atraparán a algunas de las crías recién nacidas.

Las crías comienzan a nadar apenas llegan al agua. Pero corren peligro. Muchas servirán de alimento a otros animales marinos. Sólo unas pocas llegarán a ser tortugas adultas.

Crías de tortuga olivácea del Pacífico comienzan su carrera hacia el mar.

La vida en el océano

Cuando las crías de tortuga marina llegan al mar, nadan hacia **zonas de alimentación.** Éstos son lugares donde pueden conseguir alimento. Las tortugas marinas en crecimiento nadan grandes distancias en busca de comida. ¡Algunas llegan a recorrer miles de millas!

La mayoría de las tortugas marinas se alimentan de animales pequeños, como cangrejos, crustáceos y moluscos. Las tortugas laúd comen medusas. Las tortugas verdes comen algas y otras hierbas marinas.

Una tortuga verde encuentra alimento en una esponja marina.

Un buzo observa cómo una tortuga carey se come a una medusa.

Protección de las tortugas marinas

Muchas especies de tortugas marinas se encuentran **en peligro de extinción.** Eso quiere decir que ya no quedan muchos ejemplares de estas tortugas. Hay personas y animales que comen huevos y carne de tortuga. A veces, los pescadores las atrapan en sus redes por error.

Un huevo de tortuga marina cabe en la palma de la mano de una persona.

Algunas personas intentan proteger a las tortugas marinas. Observan sus desplazamientos, y cuentan cuántas anidan en distintas playas cada año.

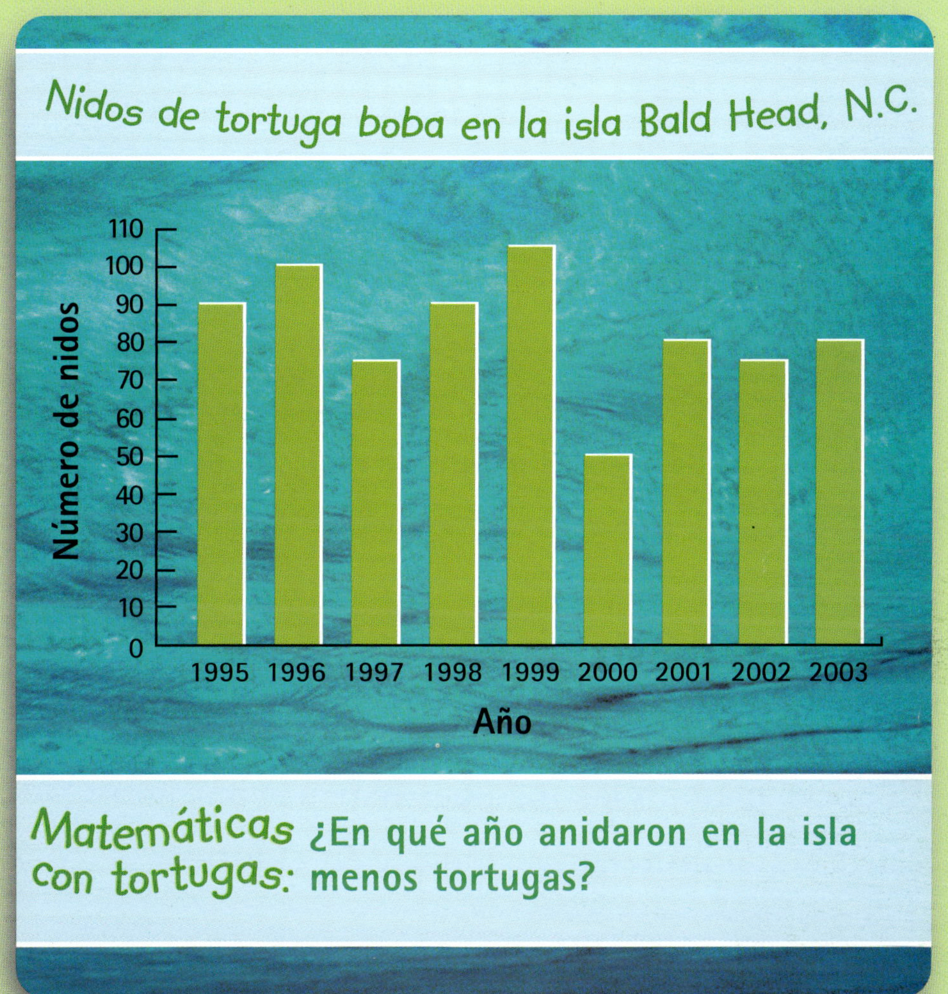

A veces se colocan redes alrededor de las crías de tortuga marina para protegerlas.

Podemos proteger la tierra y el agua donde viven las tortugas marinas. En algunos lugares, se cuidan los nidos hasta que las tortugas salen del cascarón. Conocer mejor a las tortugas marinas nos permite saber cómo protegerlas ahora y en el futuro.

Estos tranquilos animales marinos necesitan de nuestra ayuda.

Glosario

cría recién nacida	cría de un animal que acaba de salir del huevo
en peligro de extinción	que corre el riesgo de desaparecer
especie	tipo, o grupo, de animal
zona de alimentación	lugar donde un animal encuentra alimento